SAINT-GERMAIN-L'AUXERROIS.

Se trouve, A PARIS,

Chez GOSSELIN, libraire, galerie d'Orléans, 8, Palais-Royal;
LEROI, libraire, place Saint-Germain-l'Auxerrois;
FAYOLLE et Cie, libraires, rue du Bouloy, 23, hôtel des
Domaines;
ROUX, rue des Gravilliers, 31;
HAUTECOEUR MARTINET, rue du Coq-St-Honoré, 16;
DÉSESSART, libraire, rue de Sorbonne, 9;
Et chez tous les libraires tenant les Nouveautés.

A VERSAILLES,

Au Cabinet de lecture des demoiselles JACOB, avenue de
Paris, 8.

IMPRIMERIE DE D'URTUBIE, WORMS ET COMPAGNIE,
rue St-Pierre-Montmartre, 17.

St GERMAIN L'AUXERROIS,
en 1836

Lebert?ais

litho de L. Heuchivep?

SAINT-GERMAIN-L'AUXERROIS,

PAR

AUGUSTE VALLET,

De l'École des Chartes.

Quid sibi volunt isti lapides ?
JÉRÉMIE.

A PARIS,

A LA LIBRAIRIE HISTORIQUE,

CHEZ MADAME LAMOTTE,

RUE HAUTEFEUILLE, 14.

—

1837.

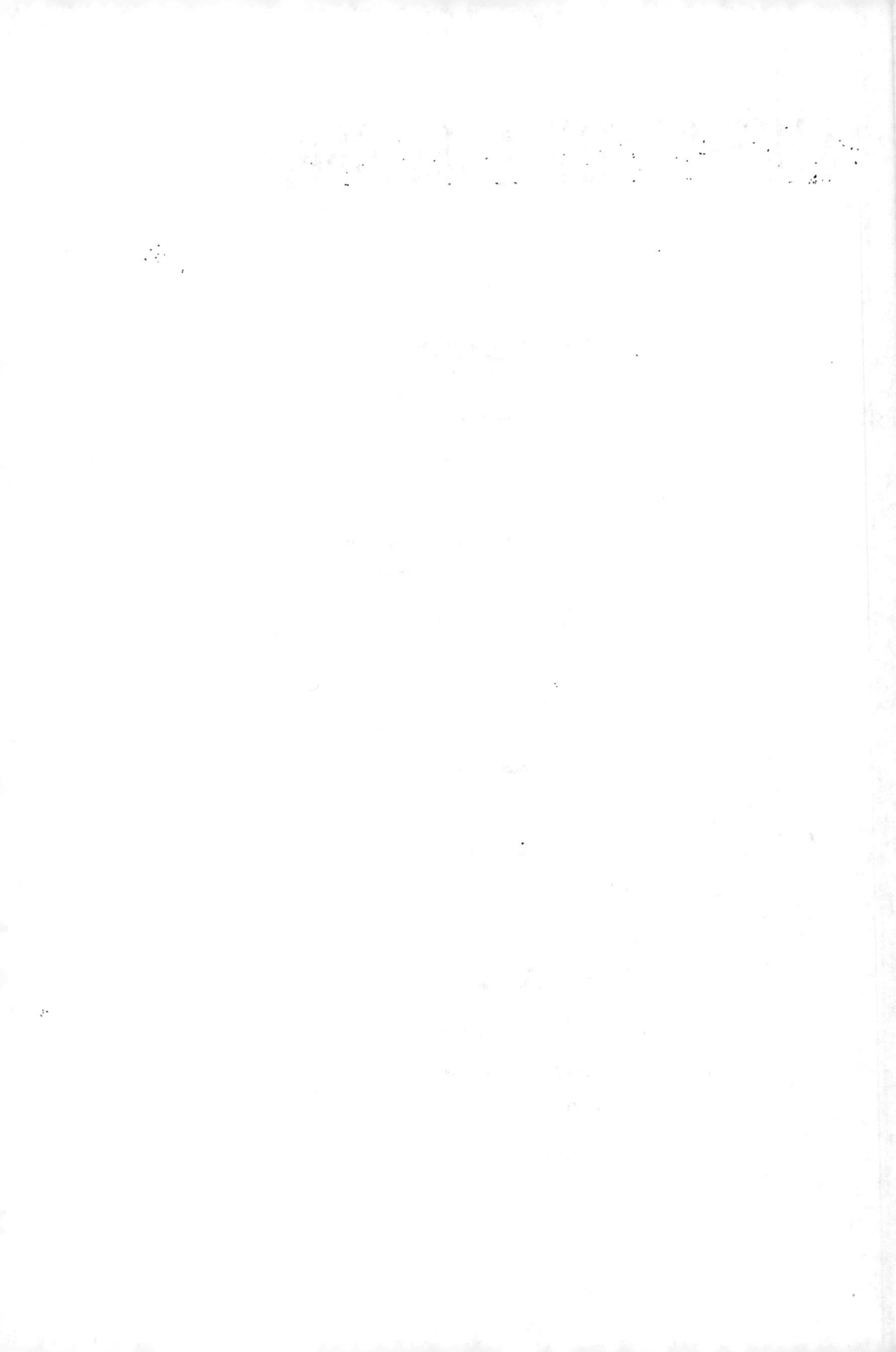

SAINT-GERMAIN-L'AUXERROIS.

« *Et je vis descendre du ciel un ange qui avait la clé de l'abîme et une grande chaîne à la main.*

« *Il prit le dragon, l'ancien serpent, qui est le diable et Sathan, et il l'enchaîna pour mille ans.*

« *Et l'ayant jeté dans l'abîme, il le ferma et le scella sur lui jusqu'à ce que mille ans soient accomplis, après quoi il doit être délié pour un peu de temps (1).* »

Telle était l'effrayante prophétie qu'avait fulminée saint Jean, l'aigle-évangéliste. Lorsque le terme fatal approcha, que les *mille ans* furent bientôt accomplis, la Chrétienté tout entière fut frappée

(1) Apocalypse de saint Jean, chap. XX, vers. 1, 2 et 3.

d'épouvante. On attendait avec angoisse le déchaî-
nement de l'Antechrist, la première résurrection,
et le jugement universel. Les donations arrivaient
en foule; et dans le préambule des chartes qui les
confèrent, on retrouve presque partout cette même
formule : « Voyant approcher la fin du monde, et
» touché de l'énormité de mes fautes, moi, N.....,
» j'ai résolu de donner, pour le remède de mon
» ame, à Dieu et à l'abbaye de N....., telle ou telle
» partie de ce que je possède. » Chacun espérait
accroître, par une offrande de ses biens terrestres,
la part de bonheur éternel que le grand juge allait
mesurer pour lui dans sa balance divine. C'était,
parmi les riches, à qui se surpasserait dans ces pro-
digalités usuraires. Trop heureux alors le noble
baron qui, après avoir déposé dans les mains d'un
humble abbé tous les biens qu'il possédait dans
ce monde, pouvait échanger contre la bure du
moine sa brillante cotte d'armes, et se réfugier au
fond d'une cellule abritée sous l'aile de Dieu.

Mais le désespoir avait gagné jusqu'aux hommes
d'église; et les simples moutiers, les abbayes, les
cathédrales même tombaient de vétusté, sans que
l'on prît la peine de les reconstruire ni de les répa-
rer. Cependant, le temps poursuivait sa course :
le onzième siècle était arrivé,....... et l'Antechrist
n'avait pas encore apparu à la face des nations. En
vain les épidémies, la famine, tristes fruits de l'im-

prévoyance et de l'enfance des arts dans cette société rudimentaire, avaient étalé leurs drames horribles et mis en question la perpétuation des races. En vain les chroniqueurs enregistraient-ils, chaque jour, des phénomènes astronomiques que leur superstitieuse ignorance traduisait en miracles (1), et qui annonçaient, à leurs yeux, le bouleversement prochain de l'œuvre divine. Déjà, la Chrétienté semblait s'incliner sous cette épée de Damoclès, que la prophétie de saint Jean avait suspendue sur sa tête; — et pourtant, l'épée ne tombait pas!

Peu à peu, l'espérance revint au cœur des peuples. Alors se produisit un touchant et merveilleux spectacle. Victime épargnée du destin, il semblait que le monde moderne sentît s'allumer dans son sein, avec une vie nouvelle, une allégresse et un courage inconnus jusqu'alors. Il s'éleva par toute l'Europe comme un concert universel d'actions de grâces. De tous côtés, l'industrie humaine s'émut, jalouse de célébrer l'alliance que Dieu renouvelait avec le globe. Elle se mit, pleine d'ardeur, à décorer cette belle patrie qui lui était rendue, et sur laquelle l'arc-en-ciel promettait encore à l'homme de longs jours. Le lourd donjon secoua ses décombres,

(1) Voyez Raoul Glaber. — Duchêne, historiæ Francorum scriptores, in fol. 1641. tome IV. passim.—Michelet, hist. de France, tome II, p. 131 et ibidem.

pour se métamorphoser en un manoir plus gracieux et plus léger. L'Église sortit de l'humble crypte où elle était encore ensevelie, s'éleva fièrement à la surface du sol; et la voix des fidèles éclata, libre et pleine, dans la basilique agrandie. Tous les arts, et principalement l'architecture, s'animèrent d'un nouvel essor.

L'oracle avait dit vrai : ce fut une Résurrection, mais une Résurrection sur la terre.

C'est à cette époque, c'est-à-dire vers l'an 1000, que le roi de France Robert, de pieuse mémoire, réédifia l'église de Saint-Germain, fondée, selon toute vraisemblance, dès le sixième siècle. Elle avait déjà subi les ravages du temps et des Normands, lorsqu'elle fut reconstruite. Elle était alors accompagnée d'un cloître, et portait le nom de *Saint-Germain-le-Rond*, à cause de sa configuration générale. Ce fut seulement à partir du onzième siècle qu'on la désigna sous le titre de Saint-Germain-l'*Auxerrois*, parce que son patron prétendu avait été évêque d'Auxerre. La similitude des vocables de Saint-Germain-l'Auxerrois et de Saint-Germain-des-Prés fut la cause, au moyen-âge, d'une confusion assez singulière. Cette dernière église avait été fondée par Childebert, qui avait rapporté d'Espagne l'étole de saint Vincent, diacre et martyr de Saragosse; elle prit ensuite le nom de Saint-

Germain-des-Prés. Or, il arriva qu'avec le temps la tradition se corrompît : l'on attribua pour co-patron, à notre église de Saint-Germain-l'Auxerrois, ce même saint Vincent, et l'on prétendit que Childebert en était également le fondateur. Sauval, et après lui plusieurs auteurs recommandables, ont démontré, d'une manière irréfragable, l'absurdité d'une pareille opinion (1). Toujours est-il que la statue de saint Vincent fut érigée au portail, à la droite de saint Germain, ainsi que celle de Childebert, et que jusqu'en 1745, époque à laquelle on réforma le Propre de la paroisse, la fête de ce patron imaginaire y fut célébrée avec autant de solennité que celle du titulaire légitime.

(1) Jaillot, l'un des topographes les plus instruits qui aient écrit l'histoire de Paris, prétend que le patron de cette église est saint Germain de Paris, et non pas saint Germain d'Auxerre; qu'elle était destinée à recevoir ses ossemens, lesquels n'y furent jamais déposés; et qu'elle fut fondée, non pas par Childebert, mais bien par Chilpéric. Voyez *Recherches sur Paris*, par Jaillot, 1775, in-8°, t. I, 3e quartier, page 23. — L'abbé Lebœuf accepte en grande partie les rectifications de Jaillot; il ajoute que, selon lui, la statue et les ossemens du saint diacre qu'on y vénérait sont ceux de saint Vulfran, diacre de l'église de Paris et non de Saragosse. Lebœuf, *Histoire de la ville et de tout le diocèse de Paris*, in-8°, tome I, p. 36 et suiv. — Enfin, Sauval, qui le premier avait attaqué l'authenticité du vocable de Saint-Germain, nie formellement que saint Landry, dont les reliques avaient, dit-on, opéré des miracles dans cette église, ait jamais pu y être enterré. Sauval, *Antiquités de Paris*, tome I, livre IV, in-folio, 1724.

L'église de Saint-Germain-l'Auxerrois fut d'abord
construite pour servir de baptistère aux populations
qui étaient séparées de Lutèce par le bras droit de
la Seine, et se vantait d'être la première émanée de
la cathédrale. Dès le neuvième siècle, sa circons-
cription formait un bourg considérable, qui s'éten-
dait depuis l'église de Saint-Merry jusqu'à un lieu
nommé Tudelle, ou Grange-*Bataillère* (dont nous
avons fait Batelière), et qui tirait son nom, dit
l'abbé Lebœuf, de quelques exercices militaires. Sur
cette vaste étendue de terrain, les rois avaient fait
abandon de toute juridiction, et l'on n'y reconnais-
sait que l'autorité de l'évêque ou de son envoyé.
Toutefois, cette domination temporelle ne tarda pas
à décroître. Là, en effet, ainsi qu'en tant d'autres
circonstances, nous voyons le vassal ecclésiastique,
impuissant à se protéger lui-même, obligé, pour
assurer la perpétuité de son pouvoir, d'implorer
l'égide de l'autorité laïque toujours prête à lui
vendre cher une tutelle intéressée. En 1136, l'é-
vêque Étienne signa un traité avec Louis-le-Gros,
par lequel il associait le roi aux deux tiers de tous
les droits qui se prélevaient dans l'enceinte des
Champeaux, emplacement sur lequel furent cons-
truites les Halles, et qui se trouvait alors sur le territoire de Saint-Germain. Une des conditions de ce
traité fut que le prévôt de l'évêque prêterait serment
de fidélité au Roi, et celui du Roi à l'évêque.

Ce ne fut pas là, du reste, le seul empiètement volontaire ou involontaire que les possesseurs spirituels de ce terrain eurent à subir de la part du suzerain temporel. Quatre-vingts ans plus tard, Philippe-Auguste fit bâtir sur le territoire de la paroisse un château-fort flanqué d'une tour. C'était le Louvre. Par un accord passé (1), en 1222, entre ce même prince et Guillaume de Seignelay, qui occupait alors le siége de Paris, ce dernier reconnaît au Roi la justice du meurtre et du rapt dans le bourg de Saint-Germain, ainsi que les droits de justice marchande, de banvin, de chevauchée, de chevalerie (2) et de rançon (3). Quant à l'évêque, ses droits se bornent à la justice de l'homicide dans les terres situées hors la banlieue, et à celle de tous autres délits que le meurtre et le rapt, dans l'intérieur de la ville. Ainsi, de concession en concession, de confiscation en confiscation, la puissance unitaire du souverain laïque, le pouvoir royal, finissait toujours et partout par absorber l'autorité locale.

Mais retournons, comme disent les anciens archéologues, au *bâtiment de l'église*.

(1) Gallia Christiana. 2ᵉ édition, tome VII, Instr., col. 93.

(2) Taille que le Roi levait lorsqu'il donnait à l'un de ses fils l'ordre de la chevalerie.

(3) Taille que le Roi levait lorsqu'il était fait prisonnier à la guerre.

L'édifice que nous décrivons est un des monumens religieux de l'ancienne France qui présentent
aujourd'hui le plus incohérent assemblage d'élémens disparates appartenant à toutes les époques,
à toutes les variations de l'art.

Pas de siècle, en effet, depuis sa fondation, pas
d'école, — si gracieuses que fussent ses produc-
tions, et si merveilleusement appropriées à leur
destination sublime, — si ridicule que fût de son
temps l'engouement de son règne passager, — qui
n'aient déposé là, tour à tour, quelque échantillon
mesquin ou grandiose, prosaïque ou divin, du goût
qui les distingue.

Le sixième siècle, avons-nous dit, fut l'époque
de sa construction originaire; Robert, vers le
onzième, rebâtit presque de fond en comble l'édifice écroulé.

Sauval nous apprend que, vers 1200, ce portail
tombait en ruines; et l'abbé Lebœuf prétend qu'il
faut assigner à celui qui l'a remplacé, et qui sub-
siste encore aujourd'hui, l'époque de Philippe-le-
Bel (1285 à 1314). Sept figures décoraient autrefois
ce portail, qui forme actuellement la partie la mieux
conservée, ou plutôt la moins dégradée de l'édifice.
Les six personnages que l'on y voit encore, à droite
et à gauche de l'entrée, représentent saint Marcel,

sainte Geneviève, un ange; de l'autre côté, saint
Vincent, le roi Childebert et sa femme Ultrogothe.
Entre ces deux dernières statues, on remarquait
encore, à la fin du dernier siècle, une inscription
du quatorzième ou quinzième siècle, gravée en let-
.tres d'or sur une table de marbre noir, et que Sauval
rapporte ainsi : *C'est Childebert, deuxième roy
chrestien, et Ultrogothe sa femme, qui fondèrent
ceste église.* Dans l'œuvre primitive de l'artiste, un
trumeau divisait en deux baies ce portail ; et sur
cette place d'honneur, s'élevait la statue de saint
Germain, le patron de l'église. Mais au dix-septième
siècle, le vandalisme, qui de tout temps s'est com-
plu dans les alignemens, renversa le saint patron
de son trône séculaire, afin de « *dégager* l'entrée
de la paroisse. » Toutefois, pour obéir à une vieille
tradition qui veut que lorsqu'on déplace les saints
on ne puisse les déposer qu'en terre sainte , on
l'enfouit sous la première arcade de la contre-nef,
à droite.

Au quinzième siècle, l'église subit encore de
graves réparations. En 1435, on mit en œuvre l'a-
vant-portique ou péristyle qui s'élève en avant de
l'édifice. Ce genre de construction était, comme on
sait, fort goûté des Grecs et des Romains. L'architecture chrétienne sut habilement se l'assimiler
pour l'usage de son culte. C'est là qu'avaient lieu
l'instruction des cathécumènes et les pénitences

publiques. Les comptes des marguilliers font voir que ce vestibule, l'un des plus curieux que l'on connaisse, et qui se mariait si bien au reste du monument, fut achevé en 1439, aux dépens de l'œuvre et des paroissiens. Il eut pour auteur « Jean Gaus- » sel, *maçon tailleur de pierres*, qui le fit pour la » somme de 960 livres. »

Sans parler des diverses chapelles (1) qui bordent

(1) Parmi ces chapelles, il en est une, la première à droite, qui contient un monument assez curieux de la sculpture au moyen-âge. Ce monument, que nous avons remarqué en visitant l'église, le jour même de sa réouverture, a été long-temps soustrait, par la *piété* des architectes *restaurateurs*, à la vue des fidèles. Masqué par un tableau qui servait à décorer un autel de construction toute moderne, il fut en partie mis à nu par le bris de ce même tableau, déchiré ainsi que tous les autres lors de l'émeute de 1831. En examinant avec soin, nous avons découvert trois statues ou groupes adossés au mur mitoyen de la chapelle, dont le travail nous a semblé dénoter la fin du quinzième ou le commencement du seizième siècle. A droite, se voit une statue d'évêque, dont la mître seulement est brisée. A gauche, une autre statue, qu'il est plus difficile de distinguer, représente un personnage appartenant à l'ordre ecclésiastique. Enfin, au milieu, on remarque, au-dessus d'un double socle ou soubassement d'un beau travail gothique, les restes d'un groupe assez mutilé pour que dans l'état actuel des choses on ne pût en saisir le sens. Sur le premier socle, on lit, en caractères scholastiques contemporains de la sculpture, cette inscription : *Mater Dei, memento mei.* Sur le socle inférieur, nous avons déchiffré avec beaucoup de peine l'inscription suivante, tracée en caractères majuscules du dix-septième siècle : CESTE · CHAPELLE · FUST · DÉDIÉE · DV · TEMS · DE · IEAN BLONDEL. · M. · DE · LA · CONFRAIRIE · DES · TRESPASSÉS ·

intérieurement l'enceinte de l'église, et qui furent
fondées de siècle en siècle, il paraît certain que vers
le règne de François Ier, on reconstruisit le portail
méridional. On ne peut en effet méconnaître le seizième siècle à la plénitude excessive de l'ogive qu'il
présente, ainsi qu'à la grace, à l'agilité, à la perfec-
tion technique de ces rinceaux de vigne que nous y
admirons encore.

En 1564, on répara la contre-nef du nord, et
l'on commença le jubé. Pour décrire ce précieux
morceau, fruit sublime que produisirent en mariant
leurs génies les deux plus grands artistes français de
la renaissance, nous ne saurions mieux faire que de
rapporter le passage suivant, que nous empruntons
à Sauval. Libre à chacun de modifier, selon ses

EN..... Le reste est tout-à-fait illisible. Ces deux inscriptions ex-
cessivement frustes sont peintes en lettres d'or sur la pierre. Les
sculptures, jadis couvertes de peinture et dorées, sont aujourd'hui
couvertes d'une mousse de poussière et d'ordures putréfiées, à la
fois si épaisses et si friables, qu'on ne peut dégager les lignes et
nettoyer les caractères sans prendre les plus grands ménagemens.
Quant à la signification historique de ce monument, voici jusqu'à
présent le seul renseignement que j'aie pu me procurer à ce su-
jet : C'est qu'un des doyens de l'église, nommé Guillaume, qui
remplit cette fonction de 1514 à 1527, fit ériger, dans une chapelle,
une statue de saint Guillaume, son patron, avec celle d'un autre
pénitent. (Abbé Lebœuf, page 50). — Espérons que les architectes chargés de restaurer l'église traiteront ce monument
d'une manière plus honorable que ne l'avaient fait leurs de-
vanciers.

opinions artistiques et son purisme du dix-neuvième siècle, le langage naïf et brut de notre vieil auteur. Pour nous, c'est avec une religieuse fidélité que nous transcrivons ce morceau, bien sûr d'offrir à nos lecteurs, dans cette description, un second attrait avec un second *objet d'art.* C'est une vraie relique de linguistique appartenant à la première moitié du dix-septième siècle. On y retrouve à la fois du père Lemoine et de Mlle de Scudéri. Voici cette description :

« Le jubé est un ouvrage de Clagni (1) et
» de Goujon : celui-ci, le meilleur sculpteur
» que nous ayons jamais eu en France; l'autre, le
» meilleur architecte de son temps. Il est porté sur
» trois arcades, et fermé d'un mur à hauteur
» d'appui. Ces arcades sont élevées sur un grand
» zocle ou marche. On entre dans le chœur par
» celle du milieu; les deux autres servent de cha-
» pelles. Leurs jambages sont revêtus chacun de
» deux colonnes Corinthiennes, et leurs cintres ou
» reins rehaussés d'Anges, de bas-reliefs, tenant à
» la main les instrumens de la Passion. Sur l'appui
» du Jubé se voyent les quatre Évangélistes de basse-
» taille et posés au-dessus des colonnes. Au milieu,
» Goujon, dans un grand bas-relief, a représenté

(1) Pierre Lescot, abbé de Clagny, et Jean Goujeon sont encore, comme l'on sait, les auteurs communs de l'admirable fontaine des Innocens.

» Nicodeme, qui ensevelit le Sauveur en présence
» de la Vierge, de saint Jean et des Maries. L'or-
» donnance au reste, aussi bien que la conduite et
» l'exécution, convient fort bien à un lieu destiné
» pour publier l'évangile, où se voit toujours un
» Dieu crucifié. Le grand relief surtout est savant
» et bien dessiné. Le corps du Sauveur, animé en-
» core de quelques petits restes de chaleur natu-
» relle, y est couché dans un suaire que Nicodeme
» tient et un autre disciple. Là, ce saint vieillard,
» agenouillé, semble employer tout ce que l'âge lui
» a laissé de force, et son expérience d'adresse. De
» la main gauche, il conduit le suaire sur lequel son
» bon Maître est étendu à son séant; et de la droite,
» il soutient ses reins. La Madeleine aux pieds du
» Sauveur, la tête penchée et fondant en pleurs, fait
» paroître sa douleur dans toutes ses actions. L'hor-
» reur d'un tel spectacle rend la Vierge si éperdue, et,
» à proportion, saint Jean et les Maries, qu'ils ne peu-
» vent seconder Nicodeme que de leurs larmes et de
» leurs soupirs. Mais principalement l'art et le savoir
» de Goujon éclatent dans la figure de Jésus-Christ,
» où il s'est surpassé lui-même : sa tête tombe
» négligemment; son bras droit suit le branle que
» Nicodeme lui donne; le ventre et l'estomac sont
» confondus l'un dans l'autre; toutes les parties en
» semblent démises, et il n'y en a pas une où on
» ne voye un embarras de plis rompus par la pesan-
» teur de la tête et l'absence de la vie. Enfin, ce bas-

2

» relief est admirable, et le seroit encore bien plus,
» si les marguilliers ne l'avoient point barbouillé
» de dorure (1).

En 1745, époque à laquelle on exécuta dans St-
Germain-l'Auxerrois beaucoup d'autres *embellisse-
mens*, le jubé fut démoli « pour *dégager* le chœur
» de la paroisse, » et l'on en dispersa les débris.

En 1612, on construisit le maître-autel, « si su-
» perbe, » dit encore Sauval, « qu'il coûtait 50,000
» écus. » Ce maître-autel était remarquable par la
richesse de sa décoration, et notamment par deux
statues, chefs-d'œuvre de Boudin, représentant
saint Germain et saint Vincent. On y voyait encore
un précieux retable d'albâtre, du fini le plus précieux. Cet admirable échantillon de l'art gothique
représentait, en treize scènes, la vie de Jésus-Christ.
Suivant la tradition, il avait été sculpté « en Angle-
terre, par un hérétique du temps de Wiclef. »

Lors des réparations dont nous avons déjà parlé,
retable et maître-autel furent mutilés ou anéantis.

Enfin, en 1632, fut commencée la chaire à prê-
cher dont on a long-temps admiré les habiles ornemens et la proportion imposante. Elle fut exécutée
sur les dessins de Lebrun, par Mercier, l'un des plus
grands sculpteurs en bois du xviiᵉ siècle. Les armes

(1) Sauval. *Antiquités de Paris*, tome Iᵉʳ, liv. iv, p. 304.

de France, richement sculptées sur les panneaux,
son dais majestueux, évidé en couronne fermée et
terminée par le cimier royal, rappelaient que Saint-
Germain-l'Auxerrois comptait parmi ses paroissiens
les habitans du Louvre.

Nous ne suivrons pas plus loin l'histoire des
modifications que les variations artistiques firent
successivement éprouver à cette église. Les rema-
niemens sacriléges qui, depuis la fin du xviie siècle,
n'ont cessé de l'envahir et de la défigurer, sont des
attentats si ridicules, si ignobles et si honteux, que
nous rougirions d'employer notre temps et celui
de nos lecteurs, à les énumérer et à les décrire.

Lorsqu'elle eut une fois atteint à l'apogée de sa richesse, lorsque ses accroissemens continus l'eurent
pour ainsi dire complétée, vers le milieu du xviie siècle, par exemple, l'église de Saint-Germain-l'Auxerrois était assurément l'un de nos édifices religieux
les plus beaux, les plus curieux et les plus imposans.
Sa vaste croix latine, entourée d'un grand cloître,
avec ses trois branches terminées par de riches portails, avec sa tour surmontée d'une flèche dentelée
comme d'une aigrette de pierre, avec son vestibule,
sorte de Purgatoire posé par le pieux architecte
entre le monde et le saint lieu, offrait à l'extérieur
cette majestueuse unité si rare et si frappante dans
les édifices gothiques. Intérieurement, l'œil, après

avoir plongé par-delà le jubé, trône de l'évangile, jusqu'au chœur somptueux où reluisait la châsse de saint Landri, après avoir sondé les mystérieuses profondeurs de la contre-nef circulaire, après avoir joui de cet aspect plein de charmes austères, de cette demi-clarté mystique et pénétrante qui tombait des vitraux diaprés où l'artiste avait retracé l'histoire des patrons de l'Église, l'œil pouvait reposer, distraire et renouveler son admiration en visitant les nombreuses chapelles qu'avait décorées à l'envi la piété de tous les siècles. Là, c'était une *image de pierre,* taillée aux frais d'un chanoine du xve siècle; ici, la statue funéraire de quelque commensal du Roi, chef-d'œuvre encore récent d'un sculpteur de la renaissance. Vous admiriez ailleurs une toile de Bourdon, de Lesueur, de Lebrun; un saint Vincent, par Philippe de Champagne, ou, enfin, cette précieuse copie de la Cène, jadis peinte à fresque par Léonard de Vinci, pour les Jacobins de Milan, sur les murs de leur réfectoire, et que ces religieux laissèrent se dégrader et tomber par lambeaux. (1)

La Basilique de Saint-Germain-l'Auxerrois, la

(1) Dans un voyage en Italie, François Ier contempla avec admiration cette composition célèbre. Désolé de ne pouvoir transporter en France le pan de mur qu'elle couvrait, il la fit reproduire sur toile par un peintre habile, et placer dans l'église de St-Germain-l'Auxerrois dont elle ornait la croisée septentrionale. Ce magnifique ouvrage fut long-temps, avec la curieuse estampe de Soutman, la seule reproduction de ce chef-d'œuvre.

fille aînée de la cathédrale, la *Grande Paroisse*, ainsi qu'on la désignait au moyen-âge, jouissait, dans son territoire, plus étendu que maint diocèse, d'une autorité souveraine, et nommait à plus de bénéfices qu'un cardinal de l'église romaine. Au xvii⁰ siècle, elle avait octroyé les chartes de fondation à plus de vingt autels, chapelles ou églises. Cent prêtres ne suffisaient pas pour la desservir.

Située vis-à-vis du Louvre, dont elle était, comme nous l'avons dit, la paroisse, ses murs furent témoins des faits les plus mémorables : elle eut sa part de presque tous les événemens dont le palais de nos rois fut le théâtre, et semble en refléter l'histoire. Le nom de cette église célèbre est mêlé aux plus nombreux, aux plus graves souvenirs; on le retrouve à chaque page de nos annales.

C'est là, qu'en 1316 fut baptisé Jean, fils de Louis-le-Hutin et de Clémence de Hongrie, cet enfant-roi qui vécut une semaine, et dont la mort donna lieu, pour la première fois, à l'application de ce que l'on nomme la *loi salique*.

En 1356, pendant les troubles de la captivité de Jean-le-Bon, ce fut dans le cloître de Saint-Germain-l'Auxerrois qu'Étienne Marcel, mandé par le régent, fut engagé à cesser de faire obstacle à la circulation de la nouvelle monnaie. C'est là que le redoutable prévôt des marchands traita de puissance

à puissance avec les députés du prince, et répondit péremptoirement à leur requête « qu'il n'en feroit rien. »

Quelques années plus tard, Charles V fit élever dans la royale paroisse un somptueux monument funéraire à l'un des officiers de sa maison. Sur une grande tombe de marbre noir, l'image du défunt était représentée de grandeur naturelle : la tête et les mains étaient d'albâtre, le reste du corps, de marbre blanc; et de fines sculptures, qui décoraient le soubassement, racontaient les exploits de ce personnage illustre. Cette tombe était celle.......de l'un des *fols du roy*.

En 1389, Isabelle de France, fille de Charles VI et d'Isabeau de Bavière, y reçut le baptême.

En 1413, sous le règne fictif de ce même Charles VI, on s'assembla dans le cloître de Saint-Germain-l'Auxerrois, pour arrêter le traité de paix qui devait délivrer les ducs de Bar, de Bavière, et autres seigneurs, que le duc de Bourgogne avait faits prisonniers.

Le 22 août 1572, au moment où l'amiral Coligny, venant de jouer une partie de paume avec le roi, regagnait son logis, situé rue de Béthisy (ou des Fossés-Saint-Germain-l'Auxerrois), il fut frappé d'un coup d'arquebuse qui lui coupa l'index. L'auteur de cet assassinat s'était placé, pour le commettre, dans une maison attenant au cloître. Ce ténébreux attentat fut, comme on sait, le prélude d'un crime royal à jamais détestable. Le surlendemain, 24 août 1572, vers deux heures du matin, Charles IX fit sonner le tocsin de St-Germain-l'Auxerrois. C'était le signal du massacre. Aussitôt le duc de Guise, escorté de ses sicaires, court à l'hôtel du malheureux Coligny. Son domicile est violé; le gentilhomme qui en gardait l'entrée, assassiné; le pieux et digne vieillard, mis à mort avec d'indicibles raffinemens d'ignominie et d'atrocité; et le duc de Guise, qui s'était posté dans la cour, auteur et spectateur impatient de ce drame dont il attendait la péripétie, ne se retire qu'après s'être fait jeter, tout sanglant, du premier étage, qu'après avoir foulé sous ses pieds le corps de sa victime. — De là, on courut aux protestans de la ville; de la ville à la province; « et l'extermination des hérétiques » s'organisa dans toute l'étendue du royaume.

L'année suivante, 1573, Isabelle de France, fille de Charles IX et d'Élisabeth d'Autriche, fut baptisée, en grande cérémonie, dans cette même église.

En 1581, Anne, duc de Joyeuse, favori de Henri III, y épousa Marguerite, sœur de Louise de Lorraine, reine de France.

C'est encore dans l'une des maisons appartenant au cloître de Saint-Germain-l'Auxerrois, dite *la maison du Doyen*, que mourût empoisonnée, en 1599, la belle Gabrielle d'Estrée, duchesse de Beaufort. C'est là, qu'après sa mort elle fut exposée sur un lit de parade.

En 1617, le maréchal d'Ancre, Concino Concini, fut assassiné sur le pont-levis du Louvre, par ordre de Louis XIII, ou plutôt par ordre du duc de Luynes, qui l'avait supplanté dans la faveur du roi. Son corps fut déposé sans pompe, à minuit, dans l'église de Saint-Germain-l'Auxerrois. Mais le lendemain, la populace, pour qui ce Florentin parvenu était un objet d'exécration, envahit l'église et déterra son cadavre. Il fut lié par les pieds avec les cordes de la cloche, que l'on avait coupées, traîné jusqu'au Pont-Neuf, et pendu, la tête en bas, à l'une des potences qu'il avait fait dresser pour châtier ceux qui médiraient de lui. Enfin, il fut déchiré, subdivisé, brûlé; et l'on vendit par les rues ses cendres et ses lambeaux.

En 1560, fut enseveli dans cette église François Olivier, chancelier de France, sous les rois François Ier, Henri II et François II;

En 1573, le poète Jodelle;

En 1603, Claude Fauchet, le consciencieux et intrépide antiquaire, qui abandonna tout, charge, plaisirs, honneurs, fortune, pour vivre en compagnie de ses livres, au milieu desquels il mourut dans un grenier, presque misérable, bien qu'il fût premier président des monnaies ;

En 1605, Jacob, dit le Polonais, qui passait pour « le plus excellent joueur de flûte de son siècle ; »

En 1607, Pomponne de Bellièvre, ambassadeur sous cinq rois, puis chancelier de France, puis enfin disgracié ;

En 1628, le poète Malherbes, qui, selon Balzac, « crachait plus de quatre fois en prononçant une stance de quatre vers, » et dont le cavalier Marini disait « qu'il n'avait jamais vu un homme si humide ni un poète si sec ; » épigramme que du reste la postérité n'a point confirmée tout entière ;

En 1636, Olivier de Fontenay, abbé de Saint-Quentin de Beauvais, antiquaire distingué, amateur passionné de livres, de pierres gravées et de numismatique ;

En 1638, Formé, célèbre compositeur et maître de chapelle du roi Louis XIII ;

En 1646, Nicolas Faret, académicien fameux, et non moins fameux ivrogne.

C'est là, enfin, que furent enterrés nombre de personnages éminens dans les sciences, les arts, les lettres, etc., qui moururent dans le XVIIᵉ et le XVIIIᵉ siècle.

Parmi les magistrats, nous ajouterons aux précé-
dens, les noms de Phélipeaux et du président d'Ali-
gre, dont le mausolée nous a été conservé. Parmi
les médecins, Jacques Dubois dit Sylvius, Guy-
Patin, Denys Dodard, Pierre Sanguin. Parmi les
artistes, nous citerons Bocan, célèbre professeur de
danse, qui fit danser la France, l'Espagne, la Po-
logne, le Danemarck, toute l'Europe enfin dans la
personne de ses reines ; Claude Balin, Jean Warin,
graveur des monnaies sous Louis XIV ; Jacques
Stella, Israël Sylvestre, Jacques Sarrazin, Claude
Mellan, Jacques Bailly, Noël Coypel, Antoine Coyse-
vox, etc., etc.

En 1793, lors de la suppression des cultes publics,
l'église de Saint-Germain-l'Auxerrois fut fermée,
ainsi que tous les édifices de la même nature, et
convertie en un atelier de salpêtre.

L'heure, cependant, n'avait point sonné pour la
disparition de ce monument célèbre, et ce n'est pas
là que devait s'arrêter son histoire.

Lorsque Bonaparte rouvrit les églises, Saint-Germain-l'Auxerrois fut rendu au culte catholique.

Le retour des Bourbons lui restitua son titre de
paroisse royale, et la vieille basilique prit aussi sa
quote-part de la restauration. Les chapelles et l'é-
difice entier, mutilés par les ravages communs des
hommes et du temps, furent *remis à neuf* avec ce

goût inintelligent et bâtard qui caractérise l'architecture religieuse de cette époque. Les anciens objets d'art qui la décoraient furent réinstallés en partie, graces à la sollicitude des vanités intéressées. Maint gentilhomme « ayant bouche en cour, » maint « lieutenant-général-des-armées-du-roi, » se piqua de faire recrépir sa chapelle héréditaire et d'ajouter son nom sur la pierre blasonnée qu'avait fait ériger l'un de ses nobles ancêtres. Enfin, et ce sont là des souvenirs universels, elle servit aux fameuses prédications des missionnaires, ainsi qu'aux dévotions publiques de Charles X et de sa cour.

Mais, des jours moins sereins étaient réservés à la Grande-Paroisse. Elle avait encore de rudes épreuves à subir. Bientôt la révolution de 1830 éclata. Après avoir vaincu par la violence un pouvoir qui, pour étayer sa débile tyrannie, s'adressait à la violence, le peuple ensevelit ses enfans morts dans le combat sur le terrain conquis de la bataille. Ce fut aux pieds du Louvre même qu'on déposa les vainqueurs du Louvre; et, par une mesure dont nous laissons à d'autres le soin d'interpréter la haute moralité, on alla demander au clergé de Saint-Germain-l'Auxerrois de bénir leur sépulture. Un seul prêtre, l'abbé de Paravey crut devoir répondre à cet appel solennel du peuple à l'antique foi de ses pères. Ce prêtre vint; il donna l'aumône de ses prières à ces mutilés affranchis qui l'imploraient pour leurs libérateurs.

Pour le récompenser, le peuple, qui sait payer avec usure, nomma l'abbé de Paravey *le Prêtre des victimes du Louvre*. Plus précieux qu'un titre par diplôme, ce modeste surnom devait consoler celui qui le portait de certaines rancunes dévotes et de pieuses intolérances. Au jour de la tempête, il devait, sauve garde toute puissante, le rendre inviolable au sein même de la tourmente.

Le 14 février de l'année suivante, le curé de Saint - Germain - l'Auxerrois , le même qui, six mois auparavant, avait refusé de prier pour des morts, ne craignit pas d'ouvrir son église à de séditieuses parades. Sous le prétexte hypocrite d'une cérémonie commémorative, que n'avait pas même permise l'autorité supérieure ecclésiastique , on s'y livra à des démonstrations aussi ridicules, il est vrai, que coupables, mais plus irritantes encore que ridicules.

On sait comment le peuple prit l'amère plaisanterie, et comment, hélas! il la rendit plus amère et sanglante. Demandez à ceux qui osèrent porter à la foule ce facétieux défi, et que la foule prit au mot avec un empressement terrible. Demandez-le à ceux qui ouvrirent dans une église, autour d'un catafalque , le carnaval de 1831, et que le peuple fit les coryphées de cette fête néfaste, dont les travestissemens furent des étoles et des surplis, dont les héros forcés furent des prêtres et leur évêque. Ceux-

là doivent s'en souvenir encore, qui suscitèrent avec
tant de témérité ces épouvantables saturnales.

Les habitations du clergé furent envahies et pil-
lées. La vieille église, déjà rongée, décharnée, défi-
gurée par les traces des siècles, la vieille église,
toute parée à neuf de ses oripeaux malséans, toute
fardée de ses ornemens de carton et de bois peint,
fut en butte à l'attaque la plus formidable que lui
eût encore réservée son inconstante destinée. Elle
devint la proie d'une horrible dévastation ; elle fut
dégradée, déchirée, déchiquetée dans tous les sens
et à toutes les profondeurs. A l'extérieur, on in-
sulta son fronton, on mutila sa face, on détrôna ses
saints de leurs niches, on dépeupla ses portails et
toute sa surface animée de la base au faîte de ses
vivantes sculptures. Puis, comme pour achever de
la démanteler en quelque sorte et d'effacer à jamais son caractère, on écrivit sur une masure
qui défigurait sa façade : « MAIRIE DU QUATRIÈME
ARRONDISSEMENT. » A l'intérieur, les autels furent
dépouillés, les ornemens brisés et dispersés, les
vitraux mis en pièces, les chapelles saccagées, le
pavé, même, soulevé ou défoncé. Enfin, de l'é-
glise, il ne resta plus qu'un squelette d'édifice, ouvert à tous les vents, ruineux, méconnaissable : et
l'on s'étonne, en visitant ces décombres, que si peu
de temps ait suffi pour de si grands ravages.

Toutefois, ce même peuple, qui n'oublie rien et qui répond par ses excès de mémoire aux reproches d'ingratitude, se souvint de l'abbé de Paravey. Seule, la chambre qu'habitait *le Prêtre des victimes du Louvre*, fut épargnée dans la perquisition à laquelle furent soumises les autres.

Cependant, le lieu saint une fois débaptisé par la voix du peuple, l'église une fois cassée, *dégradée* de sa main, restait à statuer sur sa destinée ultérieure.

1° Fallait-il achever sa destruction ou la laisser subsister ?

2° Fallait-il lui restituer son ancienne destination ou bien lui en donner une autre ?.....

Ces deux questions, mais surtout la première, trouvaient dans l'esprit du public les solutions les plus contradictoires. Les uns, en effet, ames pieuses au petit pied, gens positifs par nature, peu attentifs d'ailleurs ou peu dociles, en fait d'intérêts de fabrique, aux moralités de l'histoire non plus qu'aux spéculations philosophiques, concluaient tout uniment à la réouverture. D'autres personnes, au contraire, parmi lesquelles des conseillers municipaux, hommes à vues essentiellement *rectilignes*, décidaient la question d'une façon non moins péremptoire. Il était urgent, selon elles, de raser cette vieille masure, et de faire ainsi place à cette rue « immense et tirée au cordeau », qui permettrait, comme on l'a dit, « d'apercevoir, du coin de l'une des ailes du Louvre », la poétique perspective de la barrière du Trône (1). Là dessus, à leur tour, les architectes romantiques, *moyen-âge*, ogivistes, de répondre en criant : A la barbarie ! au vandalisme ! et de morigéner de leurs sarcasmes les Vitruves de la voirie. A ce propos, un écrivain célèbre, animé par un libéralisme dont on pourrait à la rigueur contester l'orthodoxie, alla même jusqu'à interposer formellement son *veto*, et menaça les démolisseurs officiels de « pousser à une *émeute d'artistes* », ayant pour but de faire subsister, quand même, un monument voué naguère à la destruction par l'*émeute populaire*. Enfin, le Gouvernement, sur les instances réitérées des partisans plus ou moins désintéressés de la réouverture, vient de terminer la querelle en rendant l'édifice au culte et en décrétant sa restauration.

Tels sont les faits qui constituent l'histoire de Saint-Germain-l'Auxerrois. Tel est le dénouement

(1) Ajoutons une observation dont nous ne sommes pas le premier auteur. Cette magnifique trouée avait encore un avantage de perspective digne d'être signalé. Si, en effet, du Louvre on pouvait apercevoir la barrière, de même aussi de la barrière on pouvait pointer un canon sur le Louvre. De telle sorte, qu'en temps de guerre, par exemple, avec une demi-douzaine de rayons semblables, le roi, du centre de sa capitale circulaire, pourrait *voir* encore, le cas échéant, une pièce d'artillerie braquée, pour ainsi dire, à chaque porte de son palais.

que reçut en dernier lieu ce long enchaînement de vicissitudes nombreuses.

En donnant à cette épineuse affaire une pareille conclusion , le Gouvernement s'est laissé guider, nous n'en doutons pas, par de louables motifs de ménagement et de conciliation. — Un attentat politique, un crime prévu par nos lois, avait mis en séquestre une paroisse importante. Les auteurs et les fauteurs de ce crime ont été recherchés avec soin, jugés avec intégrité, punis avec mesure. Pendant cinq ans, le théâtre même du délit fut frappé d'interdiction : — La réparation était donc éclatante, complète ; la vindicte publique était satisfaite. — Puis, ces choses étant consommées, les vœux d'une classe de citoyens, les sollicitations d'un prélat éminent appelaient la réouverture d'une église vacante. Ils l'appelaient au nom d'un culte salarié par l'État, au nom d'une religion officiellement professée par le chef et la majorité de la nation. — Le Gouvernement a comblé ces demandes et ces désirs. — Tout cela est juste, simple, légal, naturel ; tout cela est conforme à la justice et à la raison. Ainsi, nous ne pouvons qu'applaudir à cet acte ministériel, aussi bien qu'aux intentions qui l'ont suggéré. Nous portons d'ailleurs trop de vénération à la chose jugée, trop de respect à tous les scrupules de conscience, pour ne pas nous abstenir de peser au trébuchet de l'analyse la valeur et la sincérité des supplications qui l'ont provoqué. Nous ferons même bon marché de la rigueur ou de la complaisance avec laquelle fut exécutée cette transaction, dont la matière était dégénérée depuis longtemps, comme chacun sait, en une simple question de préséance et d'étiquette.

Mais, tout en acceptant la solution donnée comme *bonne* dans les vues et les circonstances qui l'ont dictée, serait-il impossible d'en concevoir une *meilleure*, eu égard à des considérations plus élevées? Cette mesure, dont nous nous plaisons à reconnaître la sagesse, comme acte d'administration et de justice pratiques, fournit-elle une digne et complète satisfaction à toutes les hautes questions d'art et de philosophie engagées dans ce grave problème? Traduit-elle une observation éclairée de ces enseignemens salutaires que donne l'Histoire à qui sait les comprendre, et que la vue seule de ce monument reproduit en foule à l'esprit? — C'est ce que nous nous proposons d'examiner en soumettant à nos lecteurs, avec toute réserve et toute humilité, le fruit de nos méditations sur cette matière.

Selon nous, le monument ne devait pas être rendu au culte catholique.

Le peuple avait jugé cet édifice; et, comme église, il l'avait condamné. C'est lui, c'est le

peuple en définitive , qui avait mis les scellés sur
ses portes et qui avait lancé l'interdit : c'est lui
qui s'était vengé ; lui qui avait puni. Or, nous
ne connaissons à personne aujourd'hui le droit
de redresser, à sa guise, les arrêts du peuple ;
pas même à ceux qui ont reçu de ses mains le
pouvoir dont les leurs sont armées. Et qu'on
ne nous oppose pas pour argumens la violence
et la brutalité de sa judicature. Laissons ces la-
mentations stériles à ceux qui s'en servent à
priori, comme d'une jésuitique excuse à leurs pro-
vocations. Ne demandez pas au lion que vous laissez au désert aux prises avec la nature et sa faim
la mansuétude artificielle ni les allures patelines de
vos chats domestiques. Non, il ne fallait pas que
l'on réinstallât le culte catholique dans un lieu où
ce culte avait insulté aux morts qui dorment à
quelques pas de là, dans un lieu d'où le peuple
l'avait expulsé. Entre le Louvre et la paroisse des
rois, les victimes de juillet ne se dressaient-elles pas
pour défendre, pour condamner cette sorte de ré-
habilitation.

Dans les actes du peuple, il y a toujours une
haute affabulation ; car tous sont animés d'une
grande pensée. Lors donc que vous le voyez,
à douze siècles d'intervalle, bâtir avec enthou-
siasme des temples somptueux pour y déposer les
objets de sa foi, puis laisser tomber avec indiffé-

rence ou mutiler avec colère ces mêmes monumens pour lesquels autrefois il donna ses corvées, sachez le comprendre encore dans cette étrange métamorphose si vous voulez, à votre tour, être compris de lui.

Ce premier point une fois éclairci, la question se réduit à ces deux termes : consommer la destruction de l'édifice, ou lui donner une nouvelle destination.

Entre ces deux alternatives l'élection ne saurait être douteuse. Ici encore, la signification de l'acte populaire se confondait avec la voix de la raison. Le courroux du peuple en dénaturant le monument ne s'adressait pas au monument lui-même. Sa volonté n'était pas de le détruire, mais seulement d'anéantir le caractère et la destination qu'il avait eus jadis. Quoiqu'on puisse dire, ce n'est pas à des pierres, on le sait bien, que s'en prenait sa vengeance ; — *Quid sibi volunt isti lapides?* — Il fallait donc conserver ces ruines, et leur assigner un usage noble, utile, digne de leur histoire et des graves enseignemens qu'elles révèlent.

Et voici quels auraient été nos vœux à cet égard.

De tous côtés les monumens de l'architecture du

moyen-âge s'écroulent et disparaissent. Malgré les efforts nombreux, mais malheureusement individuels, isolés, d'une foule d'archéologues savans et enthousiastes, ces vieux témoins du génie artistique de nos pères s'en vont en poussière. Ils meurent l'un après l'autre, sans qu'au moins leurs curieuses révélations aient été consignées dans un texte unitaire, sans que l'on puisse les comparer, les commenter, les féconder réciproquement. Il n'existe pas un traité, quelque peu complet d'archéologie nationale; dans l'immense variété des cours gratuits que salarie le budget de l'instruction publique, il n'y a pas une chaire pour cette science importante, si conforme d'ailleurs aux goûts et aux tendances de notre époque. Eh bien, nous aurions voulu que l'église excommuniée par le peuple au dix-neuvième siècle fût convertie en une École théorique des Arts plastiques en France, en un Panthéon de l'Architecture et de la Sculpture. Nous aurions voulu que d'abord la vieille Basilique déshéritée de la vénération et de la foi dont l'avaient animée ses auteurs, fût purgée de ces misérables constructions, symboles d'un art païen et matérialiste, excroissances honteuses que la croyance abâtardie des siècles modernes a laissées s'élever sur cette pure fleur du spiritualisme chrétien. Puis, dans ces murs purifiés de toute prosaïque souillure, dans ces murs qui forment pour ainsi dire eux-mêmes un musée d'architectonique, on aurait, au milieu de

matériaux réunis pour cet usage, enseigné publi-
quement l'histoire de l'Art en France. Voilà, selon
nous, ce que l'on aurait dû faire. En agissant de la
sorte, le Gouvernement aurait accompli une œuvre
grande, progressive et vraiment libérale.

En vain prétendrait-on d'ailleurs combattre notre hypothèse, en affirmant qu'une église ne peut
servir qu'au culte et qu'avant tout Saint-Germain-
l'Auxerrois appartient à la paroisse de ce nom. Un
pareil argument ne saurait nous toucher. Que l'on
ne s'y trompe pas en effet : entre l'art et la foi,
entre les croyances d'un culte et ses symboles, en
un mot, entre une religion et ses temples, il existe
un rapport intime, nécessaire, incontestable. Or,
nous le demandons, — à part quelques personnes
adonnées aux études archéologiques, — quels sont,
aujourd'hui, dans la masse des paroissiens qui fré-
quentent une église, Saint-Germain-l'Auxerrois
par exemple, quels sont ceux qui *comprennent*
cette église ? Quels sont ceux qui puissent se vanter
de déchiffrer, à livre ouvert, ces frustes hiérogly-
phes jadis intelligibles à tout le monde, effacées
maintenant de la mémoire de tous et que les éru-
dits ne savent interpréter qu'à grand' peine ? ô vous
qui proclamez l'immobilité éternelle et l'immutabi-
lité de toutes choses, catholiques du dix-neuvième
siècle, je ne veux pour toute réponse que vous
faire jeter à la fois les yeux sur vos temples actuels

et sur ceux de vos ancêtres. Il vous faut, dites-vous, des églises : ah ! bâtissez des *Panthéon*, des *Notre-Dame-de-Lorette*, des *Saint-Pierre-du-Gros-Caillou* ; bâtissez des églises semblables à vos palais, à vos bourses, à vos préfectures, à vos boutiques ; semblables à des temples de Rome ou d'Athènes. Faites vos églises d'aujourd'hui sur le modèle idéal de votre foi d'aujourd'hui : faites-les vénales à bon marché, menteusement confortables, sans caractère, sans poésie, sans mystère. — Mais des églises gothiques ; mais de ces chefs-d'œuvre prodigieux de patience, de dévouement et d'inspiration ; mais de ces édifices tout parfumés de mysticisme, où l'esprit pour mieux parler à l'esprit se déguisait sous la pierre, où la lumière du jour semblait s'amollir, se poétiser encore en se colorant de teintes merveilleuses à l'azur et à l'or des vitraux ; mais de ces créations immatérielles enfin, où tout était mystère, vapeur, recueillement, extase ! Non, ce n'est pas là ce que vous aimez, ce que vous comprenez. De tels monumens ne vous sont pas moins étrangers, qu'ils n'auraient pu l'être aux Grecs et aux Romains dont vous plagiez les temples !

Si donc les antiques croyances sont assez loin de vous, pour que seuls, désormais, les antiquaires sachent en expliquer les emblèmes, abandonnez à leurs études les monumens qui les contiennent. Construisez-vous quelque temple au

rabais pour l'usage de la paroisse, mais laissez à
la science, la vieille église de Saint-Germain-
l'Auxerrois. Là, des voix éloquentes dérouleraient
le sublime tableau des gloires et des sympathies du
passé, en montrant, en interprétant les merveilles
qui les ont exprimées tour à tour. Elles enseigne-
raient comment chaque sentiment nouveau, à mesure qu'il se fait jour au sein de la société, y revêt
dans les Arts une forme qui lui est propre, et comment ceux-là même qui nient théoriquement ces
élémens récens de la conscience publique, les con-
sacrent et les intronisent de leurs mains, en intro-
nisant leurs symboles.

« Et maintenant », pourraient dire encore ces
voix, en inaugurant de nouveau la vieille église
pour une destination toujours sainte, « Et main-
» tenant, sortez de vos tombeaux, Ombres de tous
» les âges, à qui l'histoire donne une parole impo-
» sante! Moines, Barons, Évêques, et vous Magis-
» trats et Savans, Seigneurs et Baladins, Artistes
» et Gens de cour : Venez sous ces voûtes séculaires
» qui ont béni vos naissances, sanctifié vos amours,
» abrité votre tombe. Apprenez-nous ce qui vous
» a sauvés, ce qui vous a perdus. Dites-nous ce
» que vous avez lu, ce que vous avez écrit au livre
» de la vie. Enseignez-nous surtout, enseignez-
» nous quelle prière il faut désormais adresser à
» l'Être des Êtres, de quel or et selon quel plan il

» faut édifier son tabernacle ! — Hélas ! nos Temples
» s'écroulent..; nos Religions expirent !...Mais tou-
» jours les Temples renaissent , les Religions refleu-
» rissent : car Dieu est éternel !